Holger Herbsteyn
Fragebogen 22

Holger Herbsteyn
Fragebogen 22

1.Auflage
Bibliografische Information der Deutschen Nationalbibliothek:
Die Deutsche Nationalbibliothek verzeichnet diese Publikation in der
Deutschen Nationalbibliografie; detaillierte bibliografische Daten sind im
Internet abrufbar über http://dnb.dnb.de
© 2022 Holger Herbsteyn
ISBN: 9783756217861
Herstellung und Verlag: BoD – Books on Demand, Norderstedt

Fragebogen 22

Was ich über mich weiß ...

1. Unterscheiden Sie zwischen Glaube und Religion?

2. Warum nicht?

3. Gehören Sie einer Glaubensgemeinschaft an?

4. Ist die Ausübung einer Religion ohne Gemeinde möglich?

5. Ist Gemeinde und Gemeinschaft dasselbe?

6. Muß eine Gemeinschaft sich für besser halten als Andere? Um sich abzugrenzen?

7. Welche Religionen kennen Sie?

8. Was erwarten Gläubige von ihrer Religion?

9. Wer ist Gott?

10. Haben Sie jemals religiöse Veranstaltungen miterlebt?

11. Hatten Sie dabei das Gefühl, daß etwas in bzw. mit Ihnen geschieht?

12. Was unterscheidet ihres Wissens nach Agnostiker von Atheisten?

13. Muß beim (christlichen) Begriff Kirche unterschieden werden zwischen Gebäude, Gemeinde, Amt und Verwaltung?

14. Gilt das auch für andere Religionsgemeinschaften?

15. Johann Wolfgang von Goethe lässt Gretchen fragen: *„Wie hältst du's mit der Religion?"* – Wie beantworten Sie diese Frage?

16. Was hat Religion mit Identität zu tun?

17. Was meinen Sie: Muß Religiosität nach außen sichtbar sein?

18. Kann ein Religionsbekenntnis nichtöffentlich sein?

19. Warum können (manche) Angehörige verschiedener Religionen friedlich miteinander leben, andere nicht?

20. Machen sich Gläubige durch Waffengebrauch unglaubwürdig?

21. Vertragen sich Religiosität und Liberalismus?

22. Hätte Marx über Religion („*Opium des Volkes*") anders geschrieben, wenn er moderne Mediengekannt hätte?

23. Was macht den Unterschied, ob die Religion den Menschen etwas gibt oder Menschen für die Religion leben?

24. Was hat Religion mit Liebe und Nächstenliebe zu tun?

25. Gibt es bei Religion und Religiosität Platz für Humor?

26. Welche Gemeinsamkeiten haben Religion und Politik? Und wie unterscheiden sie sich?

27. Wie haben Religionen diese Welt geformt in Sachen Lehre und Kultur, Kunst, Musik, Schrift, Sprache, Technik, Wissenschaften?

28. Was können Religion und Religionsgemeinschaften beitragen zum Frieden und zum Guten in dieser Welt?

29. Welche Erwartungen haben Sie an Ihre eigene Religion oder an ihre Spiritualität?

30. Wie sähe eine Welt ohne Religiosität aus?

1. Arbeiten Sie gerne?

2. Arbeiten Sie immer noch in dem Beruf, den Sie ursprünglich gelernt haben?

3. Haben Sie schon in anderen Berufen gearbeitet?

4. Wie lange halten Sie es mittlerweile bei Ihrem aktuellen Arbeitgeber aus? Werden Sie gebraucht?

5. Haben Sie schon oft gewechselt?

6. Verdienen Sie genug?

7. Haben sie studiert?

8. Fühlen Sie sich ausreichend qualifiziert?

9. Möchten Sie sich gerne weiterentwickeln?

10. Haben Sie in Ihren verschiedenen Berufen und / oder bei verschiedenen Arbeitgebern gute Erfahrungen gemacht?

11. Oder hat *„die Chemie einfach nicht gepasst"*?

12. Was halten Sie von work-life-balance?

13. Wie wichtig ist Ihnen Pflichtbewusstsein?

14. Und was bedeutet Verantwortung für Sie?

15. Ist Ihr Beruf eine Berufung oder ein Job?

16. Finden Sie in Ihrem Beruf genügend Perspektiven und Entwicklungsmöglichkeiten?

17. Erfahren Sie an Ihrem Arbeitsplatz genügend Bestätigung und Wertschätzung?

18. Welche Verbesserungen würden Sie sich wünschen?

19. Wissen Sie, wer Ihr Ansprechpartner ist?

20. Wie sieht Ihr idealer Arbeitsplatz aus?

21. Haben Sie schon einmal in der Gastronomie gearbeitet, vielleicht als Aushilfe in einer Kneipe?

22. Arbeiten Sie als Kassierer*in oder in der Kundenberatung?

23. Haben Sie im Außendienst gearbeitet? Haben Sie Kunden z.B. in Versicherungs- oder anderen Fragen beraten, Probleme lösen oder Verkaufsabschlüsse erzielen können?

24. Können Sie sich eine berufliche Tätigkeit im Handwerk vorstellen? In welchem?

25. Waren Sie in Ihrem Leben arbeitslos? Haben Sie jemals Transferleistungen bezogen (Hartz4)?

26. Wäre Selbständigkeit eine Option für Sie?

27. Können Sie sich ein Leben ohne Arbeit vorstellen?

28. Ihre Haltung zu Bedingungslosem Grundeinkommen?

29. Hat Arbeit – ob angestellt, leitend, selbständig – etwas mit Status zu tun?

30. Macht Arbeit selbstbewusst, macht sie vielleicht auch stolz auf das erreichte Berufsziel? Oder eher dankbar?

1. Glauben Sie, die Natur braucht uns?

2. Trenn Sie Ihren Müll und achten Sie darauf, dass Altglas, Plastik, Papier, Bio und Restmüll jeweils in den korrekten Sammelbehälter kommen?

3. Haben Sie sich schon mal bei Nachlässigkeit ertappt?

4. Haben Sie schon mal eine Zigarettenkippe, Bonbonpapier oder anderes aus dem Autofenster herausgeworfen?

5. Was denken Sie, wenn Sie Müll am Straßenrand z.B. an Kreuzungen und Anschlussstellen sehen, der im Vorbeifahren und aus dem Fenster entsorgt wird?

6. Was machen Sie eigentlich mit Elektro-schrott: Handy, Bildschirme, Rechner, Spielekonsole etc.? Bringen Sie das auch ganz brav zum Recycling?

7. Kann nachhaltig heißen, etwas teurere Kleidung und Schuhe zu kaufen, die ein zweites Jahr halten, statt alle halbe Jahr die Garderobe erneuern?

8. Wann haben Sie zuletzt Sperrmüll abholen lassen?

9. Wissen Sie noch, was und wieviel es war?

10. Achten Sie drauf, wieviel Müll in einer Woche anfällt?

11. Wann haben Sie zuletzt etwas Gebrauchtes gekauft?

12. Kaufen Sie Möbel, Kleidung, Elektrogeräte, Gebrauchsgegenstände eher gebraucht oder neu?

13. Was fasziniert Sie mehr: Die Geschichte, die Patina eines gebrauchten Gegenstandes oder die Wiederverwertung und somit Schonung von Ressourcen, weil sie nichts Neues kaufen? Oder einfach der Preis?

14. Können sie sich, wenn Sie auf Reisen und unterwegs sind, sei es am Steuer oder als Fahrgast, an Natur und Umgebung, an schönen Ausblicken erfreuen?

15. Wann sind sie zuletzt in der Natur, im Wald, im Park spazieren, wann durch eine Blumenwiese gelaufen?

16. Wären Sie bei einem Gemeinschaftsgarten dabei?

17. Haben Sie schon einmal etwas selbst gepflanzt; einen Baum, ein Beet mit Blumen, ihr Lieblingsgemüse?

18. Was halten Sie von Solidarischer Landwirtschaft?

19. Können Sie sich vorstellen, daß Sie zum Einkauf ihre Vorratsbehälter mitnehmen und unverpackte Waren einkaufen - nach dem Motto „Kaufs lose"?

20. Wären Sie bereit, aus Gründen des Umweltschutzes weniger zu heizen und wärmere Kleidung zu tragen?

21. Würden Sie dann Natur- oder Synthetikfaser tragen?

22. Ist ‚ethisch vertretbar' wie z.B. Tierschutz und Umweltschutz, weil ressourcenschonend, dasselbe?

23. Was können wir gegen Mikroplastik tun?

24. Und müssen eigentlich immer Geschenke eingepackt werden, wo die Verpackung sowieso im Müll landet?

25. Was wäre dagegen zu sagen, zur Weihnacht einen kleine Baum im Container holen, den wir nicht entsorgen sondern draußen ein-pflanzen?

26. Kaufen Sie beim Bauern, Direktvermarkter oderErzeuger, z.B. auf dem Wochenmarkt ein oder lieber doch beim Discounter, weil der mehr Parkplätze hat?

27. Bauen wir zu viele Häuser?
    Wie möchten Sie wohnen?

28. Welche Möglichkeiten haben wir zur Nutzung von Geothermie (Erdwärme), Windkraft, Solarenergie?

29. Nahrungsmittel: Lieber bio statt billig, und dafür bewusst genießen. Stimmen Sie zu?

30. Kann die Natur auch auf uns warten?

1. Wie weit dürfte eine Strecke maximal sein, damit sie beschließen, zu Fuß zu gehen?

2. Fahren Sie und Ihre Familie gerne Fahrrad?

3. Wohnen Sie in der Stadt oder auf dem Land?

4. Wie weit ist Ihr Arbeitsplatz vom Wohnort entfernt?

5. Und wie weit ist der Weg zur nächsten Haltestelle von Ihrer Wohnung? Kennen Sie die Abfahrzeiten?

6. Nutzen Sie öffentliche Verkehrsmittel oder fahren Sie lieber selbst?

7. Welche Schmerzgrenze müsste erreicht sein, daß sie die Flexibilität ihres eigenen Fahrzeuges tauschengegen die festen Abfahrzeiten von Bahn oder Bus?

8. Beteiligen Sie sich an Fahrgemeinschaften, um zur Arbeit zu kommen oder Kinder zur Schule bringen?

9. Rechtfertigt der Begriff „*Freiheit*" den Besitz eines Kraftfahrzeuges?

10. Inwiefern könnte gerade für ältere Menschen das Auto Mobilität und Selbständigkeit bedeuten?

11. Haben Sie sich schon einmal über andere, z.B. über ältere oder langsamer fahrende Verkehrsteilnehmer geärgert? Wissen Sie noch, warum?

12. Finden Sie immer einen Parkplatz od. suchen Sie oft?

13. Haben Sie sich schon mal bei Fahrfehlern ertappt?

14. Haben Sie schon einmal andere Verkehrsteilnehmer oder ein Verkehrszeichen übersehen?

15. Wissen Sie immer sicher, wer Vorfahrt hat z.B. in Kreisverkehren, auf Kreuzungen, Tempo 30 Zon etc.

16. Haben Sie Punkte im Fahreignungsregister in Flensburg? Haben Sie schon einmal ein Fahreignungsseminar (FES) wahrgenommen, um einen Punkt abzubauen?

17. Können Sie beim Fahren telefonieren? Tun Sie's?

18. *„Du musst immer für die Dummheit der Anderen mitdenken."* – Waren Sie schon mal froh, daß eine andere Autofahrerin oder ein anderer Autofahrer besser aufgepasst hat als Sie in diesem Moment und so ein Unfall verhindert wurde?

19. Ist im Straßenverkehr sich jeder selbst der Nächste oder ist außer Vorsicht auch Rücksicht angebracht?

20. Was stehen Sie zu Krafträdern wie Mofa, Moped, Motorrad? Was halten Sie von E-Bikes, Pedelecs, E-Scooter?

21. Was halten Sie von Verkehrserziehung für Kinder?

22. Was meinen Sie , ab wann Kinder in der Lage sind, den Schulweg selbständig zu bewältigen?

23. Halten Sie das Radwegenetz in Ihrer Wohngegend für ausreichend und gut ausgebaut?

24. Wie fühlen Sie sich, wenn Fahrradfahrer*innen Fußgängerwege und Bürgersteige mitbenutzen?

25. Was meinen Sie; wirken sich Pflegezustand und Sauberkeit von Motor und Kraftfahrzeug, die Wahl der Bereifung, ob Sommer oder Winter, Beladungszustand und Kofferrauminhalt u.a. auf den Verbrauch aus und tragen zum Umweltschutz bei?

26. Wie wirken sich Fahrzeugzustand und Fahrverhalten auf die Fahrsicherheit aus??

27. Haben Sie schon mal in einem Flugzeug gesessen? Was halten Sie von Flugreisen?

28. Würden sie eine Führerscheinprüfung bestehen?

29. Mussten Sie Ihre Haftpflicht- oder Vollkasko-versicherung schon in Anspruch nehmen?

30. Wie viele Jahre sind Sie unfallfrei unterwegs?

1. Jemand sagte einmal: „*Wenn die Sicherheit und die Zufriedenheit eines anderen Menschen genauso wichtig geworden ist wie die eigene Zufriedenheit und die eigene Sicherheit, dann ist der Zustand der Liebe erreicht.*" – Können Sie dem zustimmen?

2. Wären noch weitere Erwartungen denkbar bei einer ernsthaften Beziehung? – Welche?

3. Wer ist demnach die wichtigste Person?

4. Wie äußert sich das im Umgang miteinander oder mit anderen Menschen?

5. Leben Sie in einer Beziehung?

6. Haben Sie einen gemeinsamen Haushalt?

7. Ist Freundschaft wichtiger als Sex?

8. Kennen Sie den Spruch: „*Auswärts Appetit holen ist erlaubt. Gegessen wird zuhause.*" – Stimmen sie zu?

9. Was würden Sie nach eine Seitensprung tun
   - als Seitenspringer*in?
   - als Betrogene(r)?

10. Wäre Polyamorie für Sie vorstellbar?

11. Kennen Sie Personen oder Paare unterschiedlicher sexueller Ausrichtung (homo- oder heterosexuell)

12. Können Sie Gefühle zeigen? Auch einander?

13. Was heißt „auf Augenhöhe kommunizieren?

14. Führen Sie ernste Gespräche, diskutieren Sie ihre Ansichten oder bleiben Sie lieber beim Smalltalk?

15. Was ist interessanter: Geschmackvolle Kleidung, die erahnen lässt oder Nackte Tatsachen?

16. Was ist Ihnen wichtiger; ein herzliches und freundliches Lachen oder ein teurer Duft?

17. Was heißt eigentlich *„füreinander da sein"*?

18. Ist *„bis der Tod euch scheidet"* zu viel verlangt?

19. Können Sie zusammen arbeiten?

20. Musizieren Sie gemeinsam oder teilen Sie kulturelle Interessen?

21. Wer entscheidet über das Fernsehprogramm?

22. Können Kinder eine Beziehung bereichern? Und haben Sie welche?

23. Wie wichtig ist Vertrauen in einer Beziehung oder auch in einer Familie?

24. *„Liebe, die von Opfern spricht, ist wohl wahre Liebe nicht.“* – Wie weit muss Liebe gehen? Muss sie das?

25. Macht Liebe wirklich blind?

26. Was meinen Sie: Sind in einer Beziehung opulente Geschenke wichtig?

27. Hatten Sie schon mal das Gefühl, ihre Liebe durch Geschenke rechtfertigen oder sich

entschuldigen zu müssen durch besonders teure Geschenke?

28. *„Du bist das Beste, was mir je passiert ist."* – *Haben Sie das schon mal gesagt?* Wann zuletzt? Zu wem?

29. Darf Liebe Nein sagen (z.B. vgl. Pkt. 1)?

30. Waren Sie jemals so richtig Hals über Kopf verliebt?

1. Achten Sie auf gesunde Ernährung?

2. Was verstehen Sie unter ‚ausgewogen'?

3. Kochen Sie selbst?

4. Kochen Sie immer frisch oder gibt's hin und wieder Aufgewärmtes?

5. Kennen Sie den Begriff ‚Arme-Leute-Küche'?

6. Wie halten Sie`s beim Lebensmitteleinkauf: Lieber im Discounter oder auf dem Wochenmarkt?

7. Haben Sie schon einmal geschältes und wieder verpacktes Obst gekauft? Kochen Sie saisonal? Wissen Sie, welches Gemüse gerade jetzt erntereif ist?

8. Haben Sie schon mal Obst direkt vom Baum oder Strauch gepflückt und gegessen, ohne es zu waschen?

9. Mögen Sie exotische Gewürze und Gemüse-sorten?Welche Sortennamen fallen Ihnen dazu ein und woher stammen diese?

10. Kaufen Sie Lebensmittel bei regionalen Erzeugern?

11. Haben Sie sich vom Direktvermarkter zeigen lassen, wo das Gemüse wächst, dass Sie auf dem Markt kaufen können?

12. Haben Sie Erfahrung mit einem eigenen Gemüsebeet oder mit einem Obstgarten?

13. Spielt für Sie der Begriff Nachhaltigkeit eine Rolle? Hat diese etwas mit Regionalität und Saisonalität zu tun?

14. Wissen Sie, wie Lebensmittel hergestellt, wie und aus welchen Stoffen werden. z.B. Süßigkeiten, Knabbereien oder Fertigpizzen hergestellt? Wie und aus welchen Zutaten entsteht z.B. Tofu? Wo wächst Soja?

15. Welche Getränke bevorzugen Sie?

16. Lesen Sie die Zutatenlisten auf Verpackungen oder ist Ihnen egal, was Sie essen?

17. Wissen Sie, welchen Brennwert, d.h. wieviel Kalorien die von Ihnen bevorzugten Lebensmittel haben?

18. Haben Sie Erfahrung mit Diäten bzw. mit Strategien zur (möglichst langfristigen) Reduzierung des Körpergewichts?

19. Was bedeutet eigentlich Qualität bei Lebensmitteln?

20. Haben Sie Erfahrungen mit Unverträglich-
keiten und Allergien gegen Lebensmittel?

21. Mögen Sie Fisch und Meeresfrüchte? Haben
Sie eine gute Adresse, wo sie diese kaufen
können?

22. Essen Sie Fleisch?

23. Gehen Sie, um Fleisch einzukaufen, ins
Fleischereifachgeschäft, die Dorfmetzgerei
oder zum Kühlregal im Discounter?

24. Können Sie sich vorstellen, daß sich Preis-
unterschiede auf Haltungsbedingungen
und damit auch auf die Fleischqualität aus-
wirken?

25. Oder verzichten Sie generell auf tierische
Produkte?

26. Wie weit gehen Sie: Verzichten Sie außer auf Fleisch auch auf Eier, Fisch, Käse u. (andere) Milchprodukte?

27. Verwenden Sie Fleischersatzprodukte? Warum?

28. Haben Sie gesundheitliche, ethische oder andere Gründe?

29. Wie begegnen Sie Gefahren von Vitamin- od. Nährstoffmangel bei veganer Ernährung?

1. Erleben Sie es als bedrückend oder beglückend, ein Mann zu sein?

2. Ist es unmännlich, beim Haushalt mitzu-helfen? Was muß passieren, daß Sie Hausarbeiten übernehmen? Lassen Sie sich gerne und lange bitten?

3. Wie lange brachen Sie z.B., die Spülmaschine aus-und wieder einzuräumen? Wie lange dauert es, einmal mit dem Staubsauger durch die Wohnung? Haben Sie noch andere Arbeitszeiten parat?

4. Können Sie kochen oder backen? Tun Sie's?

5. Was sind in Ihren Augen für Männer typische Sportarten?

6. Treiben Sie Sport? Wie oft? Und warum?

7. Sind Sie der Meinung, erwachsene Menschen können z. B. fahrradfahrender Weise Vorbild sein?

8. Fahren Sie mit dem Auto in die Waschanlage oder waschen Sie lieber selbst? Wie oft? Wer übernimmt den Innenraum?

9. Übernehmen Sie kleine Wartungsarbeiten am Fahrzeug wie Reifendruck prüfen, Reisen wechseln, Flüssigkeiten prüfen und Scheibenwischer wechseln selbst?

10. Fahren Sie mit einem Kraftrad? Haben Sie eins?

11. Haben Sie Ihre Fahrzeug, ob mit zwei oder vier Rädern, und haben Sie auch Ihr Leben jederzeit unter Kontrolle?

12. Was heißt für Sie ,Verantwortung übernehmen?

13. Was meinen Sie, wie Kinder Sie sehen?
    Und Frauen?

14. Oder ist Ihnen egal, was Menschen über Sie
    denken?

15. Sind Sie schon mal verknackt worden?

16. Hatten Sie hin und wieder Ordnungs- oder
    Bußgelder zu zahlen?

17. Können sie gut mit Ihren Nachbarn?

18. Würden Sie Ihren Arbeitgeber weiter-
    empfehlen an Arbeitssuchende, Kunden,
    Geschäftspartner?

19. Haben Sie einen Chor oder ein Orchester
    dirigiert?

20. Können Sie gut Führungsaufgaben über-
    nehmen? Können Sie Menschen begeistern?

21. Gehen Sie zu politischen Wahlen und geben
    dort Ihre Stimme ab? Sind Sie auch politisch
    engagiert?

22. Sind Sie ehren amtlich engagiert, z.B. bei
    freiwilliger Feuerwehr, Tafel, im
    Posaunenchor oder auch sonst?

23. Haben Sie beruflich in einem Handwerk
    gearbeitet?
    In welchem? Würden Sie dieses Handwerk
    jungen Menschen empfehlen? Oder sogar
    beibringen?

24. Haben Sie einen Kettensägenschein?
    Würden Sie einen solchen erwerben wollen?
    Warum?

25. Wenn Sie mit jüngeren Menschen spielen, z.B. Fußball, oder mit ihnen diskutieren: Wollen unbedingt Sie oder lassen Sie gewinnen?

26. Gehen Sie hin und wieder in die Kirche oder ähnliches? Sind Sie religiös?

27. Haben Sie beste Freunde oder Freundinnen Wie viele?

28. Sind Sie glücklich? In Ihrem Leben? Als Mensch?

29. Sind Worte wie Nachsicht und Rücksicht zu sehr rückwärtsgewandt?

30. Können sie von sich sagen: „*I did it*"? – In welchem Bezug auch immer?

1. Welches ist Ihr höchster Schulabschluss?

2. Haben Sie eine abgeschlossene Berufsausbildung?

3. Haben Sie studiert oder ein duales Studium absolviert?

4. Haben Sie einen Bachelor, Master oder ein Diplom verliehen bekommen?
   Führen Sie akademische Titel wie Professor oder Doktor?

5. Haben Sie nach einer handwerklichen Ausbildung einen Meistertitel erworben? Sind Sie berechtigt, geschützte Bezeichnungen wie Steuerberater, Architekt, Rechtsanwalt etc. zu führen.?

6. Haben Sie sich beruflich weitergebildet? Haben Sie Weiterbildungsangebote des Arbeitgebers genutzt?

7. Haben Sie sich jemals für Weiterbildungsangebote, z.B. durch Volkshochschulkurse
   interessiert?

8. Haben Sie einen Führerschein? Fiel Ihnen
   das Lernen in jungen Jahren eigentlich
   leichter?

9. Haben Sie sich beruflich neu orientieren
   müssen und eine zweite Ausbildung gemacht?

10. Was glauben Sie, wieviel Lernaufwand für
    einen Angelschein oder einen Jagdschein
    nötig ist?

11. Können Sie eigentlich Musiknoten lesen?
    Splelen sie ein Musikinstrument? Haben Sie
    hin und wieder bei Musikprojekten teilge-
    nommen, in Chören mitgesungen, in
    Orchestern mitgespielt?

12. Was halten Sie vom lebenslangen Lernen?

13. Was ist Ihrer Meinung nach Bildungsgerechtigkeit?

14. Machen Sie Kreuzworträtsel – einfach so?

15. Können Sie alte Handschriften lesen?

16. Schreiben Sie selbst noch mit der Hand? Und kann ein Kind, daß in der Grundschule lesen und schreiben gelernt hat, Ihre Handschrift lesen?

17. Kennen Sie sich am Finanzmarkt aus?

18. Machen Sie Ihre Steuererklärung selbst?

19. Sprechen Sie mehrere Sprachen? Welche?

20. Können Sie einen Computer mit dem Netz verbinden, ihn nach einem Absturz wieder zum Laufen bringen, Daten retten, sichern, speichern?

21. Können Sie eigentlich kochen?
    Backen Sie selbst?

22. Kennen Sie die heimische Tier- und Pflanzenwelt?

23. Interessieren Sie sich für Literatur?

24. Wie sieht's mit Erdkunde aus? Was wissen Sie über Geschichte, Kultur, Politik in der Region oder in der Welt?

25. Haben Sie eine Tanzschule besucht?

26. Haben Sie einen Garten?

27. Haben Sie handwerkliche Fertigkeiten? Können Sie einen Reifen oder einen Scheibenwischer wechseln, ein Zimmer oder ein ganzes Haus renovieren oder einfach nur einen Knopf annähen?

28. Können Sie verstehen, daß andere Menschen nicht Ihren Bildungsstand haben? Können Sie Wissen und Fertigkeiten anderen Menschen weitergeben?

29. Was wissen Sie über die Kultur Ihrer Vorfahren?

30. Mens sano in corpore sano. – Gesunder Geist im gesunden Körper. Hat Bildung mit Gesundheit und Umgangsformen zu tun?

1. Was ist Ihrer Meinung nach der Sinn des Lebens?

2. Sind Sie so mit Ihrem Leben zufrieden, wie es ist?

3. Was wäre das größte Glück, das sie sich wünschen?

4. Was würden Sie sich wünschen, wenn Sie wüssten, daß es ganz sicher in Erfüllung geht?

5. Kann eine Wuscherfüllung auch Verpflichtung sein?

6. Haben Sie einen Plan für Ihr Leben? Wie ist die Zwischenbilanz?

7. Empfinden Sie den Gattungsnamen „Homo sapiens" deutsch: „Der weise Mensch" als Aufgabe?

8. Was verstehen Sie unter ‚das Leben genießen'?

9. Brauchen Sie andere Menschen für ein erfülltes Leben?

10. Können Sie sich anderen Menschen anvertrauen?

11. Sind Ihnen Freunde und Freundschaften wichtig? Haben Sie mehrere oder nur wenige gute Freunde?

12. Können Sie sich bei Ihren guten Freunden auch schon mal ‚fallen lassen'?

13. Treffen Sie Ihre Freunde öfter zu gemeinsamen Unternehmungen? Im kleinen oder im großen Kreis?

14. Fühlen Sie sich eingeengt, wenn Sie gemeinsame Termine planen oder freuen Sie sich auf jedes Zusammensein?

15. Gehören zu Ihrer Lebensplanung und zu Ihrem Lebensglück auch Kinder?

16. *„Kinder sind Gäste, die nach dem Weg fragen."* Erleben Sie es als beglückend, Kindern Fragen zu beantworten, mit Ihnen Neues zu entdecken oder einfach fröhlich zu sein?

17. Haben Sie noch Verwandte? Wie oft sehen Sie diese?

18. Wie erleben Sie Familienfeiern? – Beglückend oder eher bedrückend?

19. Sind Sie mit Kollegen oder Geschäfts-
    partnern befreundet?

20. Können Sie beruflich und privat gut trennen?

21. Haben Sie berufliche und private Ziele er-
    reicht? Oder gibt es noch das eine oder
    andere ‚Unerledigte'?

22. Können Sie abschalten?
    Oder ist das unnütze Zeit?

23. Können Sie gut allein sein? Oder empfinden
    Sie Alleinsein als unangenehm?

24. Wenn Sie mit Menschen zusammen sind:
    Empfinden Sie es als wohltuend, wenn Sie
    auch über ernste Dinge sprechen können
    oder bleiben Sie generell und zur Sicherheit
    lieber an der Oberfläche?

25. Brauchen Sie manchmal Abstand, z.B. auch von Menschen, mit denen Sie sonst eng zusammen sind?

26. Können Sie Menschen glücklich machen? Tun Sie das hin und wieder? Tun Sie's gerne? Und wie erleben Sie das dann? Werden Sie dabei auch glücklich?

27. Betreiben Sie Hobbies wie Sport, Musik oder andere? Allein oder mit andern Menschen? Warum?

28. Haben Sie Ehrenämter oder üben Sie ehrenamtliche Tätigkeiten aus?

29. Welche Projekte möchten Sie in Ihrem Leben noch erfolgreich verwirklichen? Mit welchen Menschen möchten Sie diese Erfolge feiern?

30. Was sind Ihre Werte und Ziele?

1. Macht Ihnen der Gedanke an das Ende
    Angst?

2. Warum?

3. Fürchten Sie, daß sie etwas versäumen?

4. Glauben Sie an eine unsterbliche Seele und
    ein Leben nach dem Tod?

5. Wie möchten Sie den Menschen in
    Erinnerung bleiben?

6. Was macht ein Leben wertvoller: als Mensch
    Geschöpf eines ewigen Gottes zu sein oder
    als Mensch Ergebnis evolutionärer Vorgänge
    zu sein, deren Ergebnis mehr als unwahr-
    scheinlich, wenn nicht sogar als zufällig zu
    nennen ist in Anbetracht der Weite des
    Universums.

7. Was brauchen Sie für Ihren Seelenfrieden?

8. Was möchten Sie während Ihres Daseins noch erleben?

9. Wie wichtig sind Ihnen andere Menschen?

10. Haben Sie Erben?

11. Was möchten Sie hinterlassen? Was bleibt?

12. Was glauben Sie können Sie mitnehmen?

13. Wie viele Menschen werden von Anbeginn auf Erden schon gelebt haben?

14. Haben Sie über Nahtoderlebnisse gehört oder gelesen?

15. Lesen Sie die Todesanzeigen in der Zeitung?

16. Was würden Sie empfinden, wenn bei einer Schifffahrt der Kapitän erzählt, daß in dem Gebiet neben Ihrer Fahrtroute Seebestattungen stattfinden?

17. Wissen Sie, was ein Friedwald ist? Waren Sie an einem solchen Ort?

18. Haben Sie vor einer Urnenwand gestanden? Was haben Sie gedacht?

19. Kennen Sie Friedhöfe in Ihrer Umgebung?

20. Lesen Sie Grabinschriften?
    Auch die Lebensdaten?

21. Würde es Sie eher verunsichern oder
    trösten, wenn Sie wüssten, ob und wie
    es nach dem Ende Ihres irdischen Lebens
    weitergeht?

22. Was denken Sie, wenn Sie an ganz unter-
    schiedlich gestalteten Gräbern vorbeigehen?

23. Können Sie an der Grabgestaltung erkennen,
    welche Bedeutung der Mensch für die
    Angehörigen hatte?

24. Besuchen Sie Trauerfeiern, und gehen Sie
    zum Abschiednehmen ans Grab bevor Sie
    den Hinterbliebenen kondolieren?

25. Kennen Sie ein Museum für Sepulkralkultur,
    das sich mit Sterben und Tod befasst sowie
    mit Bestattungskultur der Vergangenheit
    und Gegenwart?

26. Was denken Sie, wenn Sie in Medienberichten sehen, wie in aller Welt Totenfeste und das Gedenken der Verstorbenen gefeiert werden? Befremdet Sie das?

27. Haben Sie nachgedacht über letzte Fragen nach dem Woher und Wohin? Sind Sie Organspender?

28. Haben Sie ein Testament gemacht und Ihren letzten Willen geregelt?

29. Was halten Sie von Schicksal und Karma?

30. *„Schenkt Blumen während des Lebens, denn auf den Gräbern sind sie vergebens."* – Was meinen Sie?

Fragebogen 22

Inhalt